Geografía del caos

Tránsito de fuego
Colección de poesía
Homenaje a Eunice Odio

Homage to Eunice Odio
Poetry Collection
Fire's Journey

Andrés Briceño Bonilla

Geografía del caos

Nueva York Poetry Press LLC.
128 Madison Avenue, Suite 2RN
New York, NY 10016, USA
+1(929)354-7778
nuevayork.poetrypress@gmail.com
www.nuevayorkpoetrypress.com

Geografía del caos
© 2025 Andrés Briceño Bonilla

ISBN 13: 978-1-966772-20-0

© Blurb:
Josué Trejos

© FIRE JOURNEY COLLECTION vol. 2
Homage to Eunice Odio
Central American and Mexican Poetry

© Publisher/Editor-in-Chief
Marisa Russo

© Editor/Layout Designer:
Luis Rodríguez Romero

© Philological Review
Ariel Cambronero Zumbado

© Cover Designer:
William Velásquez Vásquez

© Artwork by:
Juan Carlos Chavarría
Naturaleza (2014) – Cover
7 Flores para la esperanza (2023) – Interior
Ciudad Esperanza (2019) – Interior
Medium: Wood inlayed weapons

© Artwork Photographers:
Mario Peraza (cover) & Pedro Valderrama (interiors)

© Interior Drawings:
Ricardo Ulloa Garay

© Author Photograph:
Author's personal archive

Briceño Bonilla, Andrés
Geografía del caos / Andrés Briceño Bonilla. -1a ed.- New York: Nueva York Poetry Press, 2025, 138 pg. 5.25 x 8 inches.

1. Costa Rican Poetry 2. Central American Poetry

All rights reserved. No part of this publication may be reproduced, distributed, or transmitted in any form or by any means, including photocopying, recording, or other electronic or mechanical methods, without the prior written permission of the publisher, except in the case of brief quotations embodied in critical reviews and certain other non-commercial uses permitted by copyright law. For permissions contact the publisher at: nuevayork.poetrypress@gmail.com.

*A mis papás, Liliana y Antonio.
A mis hermanos, Antonio y Manuel José.
A mis sobrinas, Daniela y Antonella.*

Notre Dame our mother, pray for us!

Agradecimientos

A Katherine Quirós,
porque tu amor fue fuerza cuando todo se volvía frágil.

A Leda García Pérez,
por tu valentía,
por dar un paso al frente en el momento preciso.

A María José Calatayud,
por una amistad que fue refugio, más allá de la poesía.

A Julieta Dobles,
por empujarme más allá de mis propios límites.

A Danny Drachen,
por recordarme que sí se podía. VENI, VIDI, VICI.

A Emmanuel Calvo Canossa y Armando Calvo Rojas,
por una camaradería que transformó el camino en comunidad.

A Carlos Enrique Rivera,
porque aquel taller del 31 de enero no solo abrió el camino,
sino también una vocación.

A Josué Trejos,
por tu lectura clara y tu juicio honesto.

A Ariel Cambronero,
por tu respaldo en el instante justo.

A Alfonso Chase,
por una charla que se volvió taller en la Antigua Aduana,
al cierre de la Fiesta de la Lectura 2022.

A Poiesis, Ronald Bonilla y Lucía Alfaro,
por confiar en mi voz desde el comienzo.

A Marisa Russo,
por alentar este cauce inagotable y sostener su rumbo con fe.

I
Rutas salvajes

*Hacia adelante se partían
los caminos para no caminar;
a los costados se abrían
las carreteras para navegar
y hacia atrás se dirigían
las rutas para desandar.*

ALFONSINA STORNI

Caos

Recorro edificios
en mi diario,
invento mapas
de una sola vía.

Cruzo avenidas,
caos de automóviles:
choques, milicias,
grises que arrastran
esta anarquía.

Salgo al encuentro del desastre
sin conquistar calma alguna.

Tropiezo
con riberas sin pavimento,
con asaltos diplomáticos.

Este cielo
es la bulla de mis torrentes.

¿Quién lo diría?

Monólogo
entre la heredad
y lo mundano.

Ninguna señal
ensancha esta urbe
afrentada.

Pero
continúo:
aislo barreras
a favor de mi caos.

Conspiración de viaje

Me acuso de conspirar
contra este viaje:
arrastro millas
y una espina en el zapato,
piedra paisana
atada al acento.

Todo se agota:
los paisajes,
el autobús,
los silencios.

Me acuso de conspirar
contra este enojo
que no termina de ser mío.

A través de esta ruptura
que nunca cede,
volveré con mi lengua intacta.

LOBREGUEZ

Desciendo del autobús
frente a la Estación del Atlántico;
sospecho de una voz,
ajena y distante,
que se infiltra en la ciudad.

Mi grito resbala
por sus paredes;
los adoquines
desgarran el rumbo
de mis pasos.

Soy un transeúnte
sin encuentros.
La memoria se agrieta
en mi boca,
y en esta esquina
respiro
una bruma que sangra
bajo la lengua de la calle.

Postal de Nueva York

Aterricé en JFK un 27 de junio. Ese día confundí a Al Pacino con una estatua de cera perdida sobre una acera en la calle 42.

Me puse un saco absurdo, sofocante, para una gala mundialista en Jack Demsey's: aperitivos, canapés y gritos derramados frente a la pantalla.

Al salir de allí, caminé hasta Central Park. Vi a la paloma renacida de Nicanor Parra posada en un balcón del Dakota. Le tomé una foto al edificio y pensé:

«A todo esto, ¿qué habría dicho John Lennon?».

PARACAÍDAS

A Katherine

Dejame trazar
tu plan de vuelo
      una y otra vez

Aterrizá en mi aliento
como libido
que pretende
tus lóbulos,

tus hélices,
pájaros
bajo tu paladar.

No sos
mecanismo
indiferente.

Te lanzás
entre mis rumbos,
sos ave
que no teme mariposas
ni tentaciones.

Descifrás al vuelo
las turbulencias de mi mapa,
convertís en eco
las cajas negras

y siempre
sabés cuándo
abrir aquel paracaídas
y despejar el colapso
bajo nuestros radares.

Dejame extraviar
las coordenadas
de tu trayecto,
        una y otra vez.

MONTEVIDEO

En una calle súbdita de Pocitos, cerca de donde se le varó el carro a mi abuelo allá por los setenta, a veinticinco metros de la Rambla, me hallo sentado. Aquí estoy: ante las pupilas de tu avenida, la de mil cosmos, la de mis noches naranjas y el botín de memorias.

Lejos de ser ciudad muda, gritás a mis pálpitos tu historia con otro acento. Conforme desciendo, aquel rollo fotográfico pegado a mi sien empieza a girar.

¿Sabés? Algo callado, que roza el límite de lo vivo, respira en lo que no se nombra de esta metrópoli que sos vos. Bemoles: estruendo de cimarronas en plena Avenida del Libertador. No sé por qué, pero me atrae un silencio: ¿es tu iglesia a la que solo van ancianos? ¿O el sacerdote que insiste en consagrarme aquella hostia en la mano, solo por llevar una boina y cargar un Benedetti bajo el brazo?

Tal vez sea tu fortuna —o la mía— que un marinero, poeta de otros tiempos y otros mares, lea durante días mis versos y evoque nuestra charla, tu Río de la Plata, en el Mercado del Puerto.

Desde que me atribuiste todos los fresnos de aquel 31 de diciembre, la periodista rubia —con mate en mano— cruza la plaza y discute con extraños su más reciente crónica. La sigo, respiro su frecuencia ajena. Ojalá me hunda en ese lago verdoso, navegue entre hojas y palitos, sin saber si bebo o me dejo beber. Ese verde amargo con sed de sombra me queda en la boca, y sé que vos me hacés resbalar al borde del mundo, ese donde vos, Montevideo, has sido siempre mi poema a distancia y mi costado sin orilla.

CARTÍLAGOS

¡Qué estrecha es la línea
entre el mundo y mi piel,
fórmula que teje
rastros de oruga!

Descubro mis viajes:
maletas nuevas,
hueste de nómadas.

Mi carne:
fruto
de una tierra
sin estallidos.

No soy mito,
no soy leyenda,
sigo siendo
cartílago
de otra piel.

ORDINARY WORLD

A María Blanco in memoriam

Encendí las luces, la televisión
y la radio;
todavía no puedo
escapar de tu fantasma.
DURAN DURAN

Una casa de ladrillos
insinúa las pinceladas
de aquel *pub* en Londres,
aunque el mapa
apunte a Barrio Escalante.
El tercer plato de papas fritas
marca nuestra medianoche.

 con la mesera,
tomándome el pelo
hasta que asumo
mi rol de galán;
esa jugada siempre te funciona.

Al ritmo de Duran Duran
y tras varios tragos de Heineken,
opto por declamarte
acertijos, párpados.

¿Qué sé yo?
Lo de siempre.

Preguntás:
«¿Qué es un atisbo?».

Basta con vociferar
«Kubrick»
para que recordés
la cita en un café,
donde compartimos
el canon por los colibríes.

Volvemos
a anteponer máscaras
y coincidencias.

Continuamos…

Nos cancelan un concierto
sobre la hora,
nos retienen allí.
La cajetilla de cigarros
a la mitad,
el plato de papas casi vacío;
recogieron ya las botellas.

Retorno puntualmente al guiño,
justo en la despedida.

Arrancás tu moto
haciendo camino
sobre Avenida Segunda.

Asomo mis lentes
contra esta jungla
que no nos retiene más.
Aún visito el *pub*
y le pido a la mesera
que ponga *Ordinary World*.

La lírica entera se apega
a tus alas
y a las mías.
No apaguemos la radio.

II
Geogonía de la soledad

*La muerte es más inverosímil
que la vida y que, por consiguiente,
el alma perdura cuando su cuerpo es caos.*

JORGE LUIS BORGES

Primer movimiento

Preludio al quebranto

OSCILACIÓN

Repaso estas vías,
detengo relojes
y sus cuentagotas,
minuteros
que no me golpean.

Me cubren a media luz
para no resbalar:
intemperie que se abre,
que se cierra.

Ya he cruzado el péndulo,
hilo y enigma
que cosen mi espalda
como un murmullo
que no asciende.

ESPERA

A Jorge Mario Hernández in memoriam.

Temo la sentencia de tu noche,
ese último discurso
que desprende
sombras líquidas.

Los días pasan,
hermano.

Espero un refugio,
una voz mínima
mientras me pierdo
en las fechas.

Tu mañana se detiene
como un golpe seco
a mi soberbia.
¿A cuántos he negado
en cada paso?

¿Y qué le argumentaré al destino
cuando se siente
a pedirme cuentas?

Seré ojos,
calle sin contravía,
piedra sin combate
de tanto amar.

Punto de quiebre

Renuncio
a este pasaje,
a este ataúd
que inscribe el calendario
en mi piel.

Recojo paradojas
que doblegan
mi impaciencia,
ecos que giran
y nacen en silencio.

Ya no creo
en construir fantasías
ni en tocar a la puerta
de la súplica.

Pero sí,
sí creo
en desafiar papiros.

Y ahora,
ahora
me enfrento
bajo luces
que tiemblan.

BÚSQUEDA

> *Pero se ha vuelto inaugural*
> *mi peso de habitante recobrado.*
> *Y aires de nacimiento me convocan.*
> EUNICE ODIO

No sé si la devoción
es grito o plegaria,
pintura de un crucifijo
que enmudece
la inquietud
de mis mosaicos.

No sé si mis
trastornos
son la pista,
símbolo desposado
con mi propia arteria.

¿Contra qué
me pronuncio
si no es delante
de mis altares?

Una luz rescata
verbos en mi salmo.

Traspaso caminos.
La pista consolida
tradiciones:
tiempo sin espiral,
pesares que juran
ser ofrendas.

Contemplo una ruta,
una huida
«*y aires de nacimiento
me convocan*».

NIRVANA

Fui nube de otro cielo.

Mi rostro renace
con mirada
de sonámbulo.

Esta vez
persigo ligereza,
navegar sin equipaje,
despistarme
de redundancias.

Aposté mi altura,
pero ganó el vacío.

No pido muerte,
sino tregua;
mi cuerpo será palabra.

Segundo movimiento

Revelación y quiebre

EPIFANÍA

Quiero una fiesta.

Que los peregrinos
levanten sus copas
y celebren la noche.

Busco la mansedumbre
del niño
y la angosta sonrisa
del anciano.

Deseo una casa
a orillas del silencio;
Un amanecer
que reparta el pan,
y unos labios
con voces lejanas
que armonicen conmigo
el padrenuestro.

Pretendo disolver las horas,
esparcir gozos.

Desprenderme de los miedos
para vencer el dolor
con su propia daga.

A esta noche
no le abotono el escudo,
ni lloro ante el ruido
de estas memorias.

Calzo las sandalias
del poeta
y, en el polvo,
caminaré sin tiempo.

TRAVESURA

Coloreo las primeras estrías:
crayones que se esparcen
en mi pared.

El tiempo cruza
sangre en mis grabados;
resucito cambas,
lápices torpes.

Coloreo
todo esto
que se niega
a abrazarme.

MÁSCARAS

Escucho su burla,
mentiras que se jactan
de algún mundo.

Veo espejos profanar sus laureles;
se desgajan ante el encuentro.

¿A qué precio perdemos
la libertad?

Soy uno que desgasta
sus fauces,
sus júbilos;
atajo plural
de toda su ambición.

Y las máscaras se insinúan
en este acto
de verdades inconclusas.

LUDOPATÍA

Contengo a la muerte:
última apuesta
contra estas palabras.

Lanzo los dados,
un farol sin puentes.

Sin jugarle trampas
al sigilo,
apresuro
mi otra mano.

Renazco.
Llevo la baraja
escondida en el pecho.

Me arrodillo
en presencia
de las fichas:
la duda palpa
este todo o nada.
Revelo la escalera
contra mis tintas,
apuesto horizontes.

Y mis manos,
estas manos,
arriesgan todo.

Contengo a la muerte:
última apuesta
contra estas palabras.

AJEDREZ

El polvo de mis alfiles
atraviesa los intervalos
de este juego.

Entiendo
que el escombro en mis partidas
predice gambitos,
sacrificios y ventajas.

¿Podré negociar tablas
contra la autonomía?
Jamás.

Dejo mis historias
sin nombre.

En jaque,
y entre penumbras,
derroto el caos
de mis piezas rotas:
corona intangible
que acecha mi figura.

ASEDIO

Ya he espantado
la sombra de mí.

Desenfundo victorias.

El adiós no persiste:
no tiene azules
pintados en los huesos.

Minotauro

Desafío a la condena
de Minos.

Aparto
los horrores
del monstruo,
mientras corro por laberintos
que se despliegan
en lo imposible.

Frente a la deformidad de Creta,
no soy el séptimo sacrificio.

Contengo a la bestia
desde adentro:
una muerte insólita
de cuernos
que ya no me asustan.

Tercer movimiento

Combate y elevación

HEROÍSMO

> *Los infinitos héroes desconocidos*
> *valen tanto como los héroes*
> *más grandes de la Historia.*
> WALT WHITMAN

Estas palabras
no son nada más
que golpes
que castigan
mi aflicción.

Mis manos
empuñan muertes;
el tiempo devela
un ritmo de aire.

Desde la ira
veo latir sangre.

Libro esta batalla:
tiento al olvido
que pone a prueba
a los hombres
sin viaje;
ellos no reclaman

sus medallas,
pero ilustran
cada uno
de mis tránsitos.

No dejaré de arder:
soy el héroe en llamas.

Arcilla

Transfiguro poemas,
todos acusados
por buitres;
juicio y ofensa,
bomba de ácido
contra mi barro.

Logro apenas escaparme.

Abrazo el agua
que arrastra mis palabras
para salpicar
todas las arcillas
sumadas hasta ayer.

Logro avanzar
entre rodillos
de los que dejaron
tan solo un acierto,
alguna insignia;
nota lograda.

Quiero discernir
entre estructuras,
entre signos,

conquista de códices
destinados a mejorar.

No me equivoco:
mejor callo todas las voces,
y convierto el párrafo vacío
en la grieta
donde aún se forma
el poema
que resiste
en mi verbo.

PÁRAMO

Me acerco al páramo
aparto la roca del camino.

Los forasteros se devuelven
y dejan la llanura
al descubierto.

Quiero alcanzar
el punto máximo
de todo
lo que desconozco.

No piso las últimas
cárceles de mi huida.

El páramo
me entrega sus alas
de horizonte
y yo,
con avidez de águila,
me pierdo de vista
para siempre.

III

Bitácoras del desencuentro

*Desde que partiste como un ciervo
a la lujuria de la selva,
la muerte resbala su tersura
en la canción de la fogata.*

RICARDO ULLOA BARRENECHEA

ÚLTIMO *WHISKEY*

Arriesgo mis intenciones,
sin temor de probar el aperitivo
al que me tentás.

Mi voz persuade los hielos
de tu último *whiskey*.

No es cierto. No es el último.

Las copas desafinan tus pasos
cuando deseo arrancarte el antifaz;
solo así te reconozco.

¿Me invitás ahora a esta celebración?

Desconfío del coqueteo:
traés lunas manchadas,
es falso el escape
donde reposan tus desprecios.

Seguís viéndome como antes,
como aquel chico *sexy*
al que liberás de su temor,
pero no lo invitás a extasiarse
en el capullo de tus besos.

Este lugar sin ventanas,
escama bajo tus pies.
El piso murmura la despedida,
sin adivinanzas ni trucos.

Ahora sí:
este es tu último *whiskey*.

Universo imaginario

Sobre esta copa
sentenciás:
«Tu antorcha descubre
mis traiciones,
pero
ya me has visto gemir
con la cabeza erguida».

No lo niego:
estas lunas rozan
la última llaga.

Aquella noche me detiene
sin concebir tu escape;
los cuervos predicen
aires de revolución.

La arena en mis ojos
contradice tu voz peregrina.
Nuestro silencio
orbita una patria que no emerge.
Quiero examinar la calma,
sin mojar la tierra,
sin suponer

que mis pasos
ya no doblan
tu sombra.

Huyen los cuervos…

Su estigma se cubre:
ruta o tiempo,
amalgama de versos
que tu vuelo jamás incineró.

COINCIDENCIA

Me permito
mirar de lado
tus blusas de encaje.

Estacionás el Mercedes;
te gusta ignorar
mi saludo
cuando sentís
que trato de ligarte.

En ese momento
agonizo,
garabateo,
ordeno algún coñac
inexistente.

No lo sabés,
pero tu alardeo
sabe a narcisismo.

Tampoco sabés
que, al pedir la cuenta,
confiscarás mi número
y este devaneo
en tu servilleta.

Desvelo

Son las tres de la madrugada.

Ayer cargué mi salveque
con tres horas,
poemarios,
ensayos
y recetas de cocina.

Entre todas las
compra y ventas,
solo con una negocié.

«¿Para qué los vende?»

Alcé el mentón:
«Por ella».
Quiero seguir
viendo
criaturas de ceniza.
«Por ella»

salí de la tienda,
encaminado
a la terminal.

Las evidencias
telefónicas
confirmaron
su deslealtad.

Ya no era
mi diosa.

Con punzadas
en las tripas,
le grabé un audio:
retahílas
de hedor
sepulcral.

Ya no será
la esencia
en mis musgos.

Aquí sigo,
contando
los billetes
sobre la colcha,
los que
no le pagarán
más lujos
a la mentirosa.

Y los que
tampoco
repondrán:
mi salveque,
mi extravío,
esta herida
que no regresará.

ELEGÍA

Han transcurrido cuatro
octubres.
Ya no duele
releer su carta.
¿Qué me puede afligir?

Es solo una canción
desesperada:
sabe a algodón
de azúcar,
esconde
el engaño
y alimenta
su venganza.

¡Qué chiste!
Hallo esa «apología»
como una dádiva
que desprecio,
que nunca quise.

El orgullo
intenta reventar
esos renglones
contra mi rostro
y me grita:

«¡Te vi llorar, cobarde!».

Pero la venganza es puerca:
su autora
cree descubrir la gloria
de un rapero
con reloj de oro;
en cambio, lo que encuentra
es una factura por pagar.

Hoy desconozco su paradero,
sé de unos tatuajes
que lamenta:
una simple colección
de remordimientos.

Yo
aún llevo
impresa
en las yemas
la tinta
de aquella carta.

Esa mancha
ya no insinúa
gritos
ni penitencias.

No ver
nunca más
su autoría
es mi regalo.

Acto II
Quiebre y juicio

Cleopatra

Veo que arrastrás las sandalias,
luego de tu conquista
fallida.

Pretendés
la reencarnación de Isis
para usarla de excusa
y no mirarme más.

No juego
a ser Marco Antonio,
ni quiero
desfilar como un viejo
consorte.

Yo soy quien
te desahució:
hace décadas
no permití tu lugar
en mi higuera.

Hoy,
en mi natalicio,
te veo
haciendo fila
en el quiropráctico.

Pero tus dioses
ya no sanan.

Y tus pirámides
ni siquiera
recuerdan.

PRESUNCIÓN

Vanidad:
polvo,
llaga,
espejo
que reta tus falsedades.

Pocas veces
lográs ser
barro en tu propio barro.

Desnudás la verdad
ante mí,
y lo insignificante
ya no me impresiona.

¿Creés que no me cansé
de tu arquetipo?

PORTÓN ROJO

Es la tercera cita,
casa antigua
de algún pintor.

Hoy,
restaurante
o galería.

Llego.
Y ya estás en la mesa;
un arreglo de rosas
te hace compañía.

Vestís de rojo.
Hacés
que acerque la silla,
caigo
en el aroma del *Diabolique*.

Aquí sirven comida italiana;
sé que ni te gusta la pizza,
pero fingís
que sí.

Me dejo llevar
por la curva
de tus pestañas.

A la mitad de la cena,
te suena el teléfono.
Ponés mirada
incómoda
y logro ver en tu pantalla:
«Madame».

Murmurás:
«Debe ser del trabajo».

Cuando te disculpás para irte,
trago
un sorbo de sangría.

Ahora
entiendo todo.

Claro,
hay un chacal hambriento
por un bocado de medianoche.

Termina de sonar
la canción que le pedí al mesero:
«la chica de rojo,
baila conmigo».

Y el portón se cierra,
y el portón se cierra
detrás de vos.

CADENCIA

Quise afinar
veinte años de incógnitas,
para tropezar
con esa puerta que dibujé en el kínder.

Recordé a mi maestra
de música,
que alguna vez
murmuró:

«Este niño es el único
de la clase
que lleva bien el ritmo,
lo hace con su pie».

Como en todas
mis tablaturas.

Reviví,
y no quise abandonar
aquel pentagrama;
el tiempo me empujó
a un compás distinto.

Gravité en un tono
de cabello largo.

Mientras la veía,
recorrió mis venas
una última canción
pop rock.

Y esa noche
la quimera
me invitó a cenar,
sin clave,
sin ensayo previo.

No sabía
si era real,
pero en la mesa
los acordes sonaron;
sin miedo a equivocarse.

Desanclajes

Ya no me importa
ir al garete.
Tus anclas
se rompen,
se decoloran,
se oxidan.

Mis lágrimas
no afinan
esta brújula.

Condenás
recorridos
y cauces.

Abrí los ojos
sobre mis bordes.

Mostrame
cada amarra
en tu cubierta.
No voy a enmendar
el origen
de mis necedades.

Desfilo
sin estribor,
sin buscar
un desenlace.

Me antepongo
al faro
de tu voz.

Y sin callar
la razón
de nuestra insistencia

y sin imponer
bitácoras repetidas,

tus anclajes
se amotinan,
se quiebran
entre hierros
y cadenas.

NO DEJÉS QUE...

Mi voz:
cartel
que dispersa
códigos
a tu indiferencia.

Lápiz
que encuentra
refugio
contra el frío;
fichero
que revuelca.

Soy grafito
incierto.

Compilo las notas
inventariadas
a tus índices.

No dejés que
el archivero
y sus papeles
nos detengan.

Y no dejés,
sobre todo,
que este reloj
nos maldiga
el registro
absoluto:

nuestras palabras
aún incompletas.

Acto III
Coreografía del derrumbe

APOSTASÍA

Limpio mi copa
de falso almíbar,
el caos huye
de mis piedras.

Convoco a la diosa
a esta estrechez
de renglones.

No busco
aplausos ni lujuria
detrás de sus máscaras,
impulso prematuro
de mis rezos.

Deshago
la palabra
de su vieja misa.

Hoy
renuncio
a este
sacramento.

Hoy
me extiendo
libre
de espaldas
a su altar.

ORÁCULO

La vigilia
en su espera,
indica tropiezo
hacia el origen
de tu puerta,
esa que enreda
mis cordones.

Me atrevo
a brindar por el tránsito
de tu amor,
aunque se empañen
mis coordenadas.

No se inquieta
tu lamento
por parafrasear
alguna crónica
de nuestro exilio.

Vemos pasar imágenes
que imitan espejos,
son luces:
un ayer sin utopías.

Pero este martirio
desenmascara
tu actuación.

Y la muerte.

Y la muerte también
me salva.

ENTRE ESCENA Y DOLOR

> *En esta escena,*
> *todo*
> *era un engaño*
> SANTIAGO MONTOBBIO

No me asusta
el precio
de tu adiós.

Ni lamento
el costo excedido
de tu teatro.

Ya no quiero
rodar
el suspenso
de tu obra;
giro sin montaje,
elipsis sin claqueta.

Entre escena
y dolor,
se acumulan
tus bandas sonoras,

créditos pregrabados,
voces en *off,*

el último plano
que enfoca
mis labios.

Y el *flashback*
se angula ya
en silencio.

Benditos nuestros
finales
en los que muero.

FOTOGRAFÍA

Detrás de esta lámina
con lentes oscuros,
no desenfoco
tus sensores.

No quiero
que en quince años
me condenés
a los pixeles
que bloquean
nuestra escena.

Elijo mejor
captarte
sin remedios,
sin insolación,
donde el *collage*
mezcle:
tórtolas y grafitis,

y así de plano:
ajuste de resoluciones
sin velar ya
ningún rollo.

Conjunto de negativos
que nos muestre
el álbum,
el fotograma,
nuestra memoria.

Vicio sin pintar

Improvisás
garabatos
contra luz.

Decime:
¿pasarás del café, de la cortina,
del protocolo de nuestro mantel?

¿Seré Cortázar hecho poesía?

¿Es contraseña tu muslo, silencio,
punto y coma?
Hiervo en tu pecho.

Lanzamos témperas
frente a la pared,
relojes derretidos,
hormigas a destiempo.

¿Echaré a la suerte
tus lunares?
¿Apagaré
la noche
de nuestra biografía?

No sabemos cómo
imaginar el infinito.

¿Habremos trascendido
a la quinta dimensión?

¿Platicaremos luego
acerca de un trazo de Monet
sin darnos cuenta?

A lo mejor no.
Tal vez,
esta enumeración
de analogías,
tu pincel primario
y mi acuarela de poemas
sean tan solo
nuestro vicio sin pintar.

PENTHOUSE

Es un viernes de abril:
el vestíbulo
resguarda las gotas
de este paraguas;
dejás la puerta apenas abierta;
invitación muda.

Entro al cuarto:
la silueta de tus curvas
me invita a rendirme
junto a vos.
Cierro las persianas.

El colchón se pliega
a mi llegada;
después de un beso
exhalás:
«¡Tengo hambre!».

Abro la aplicación
en el teléfono.
«Comida libanesa»,
susurro
y hago el pedido.

Transcurren
cincuenta minutos:
risas,
pestañeos,
flirteos pícaros.
Nada inusual.

Cancelan la entrega
del banquete,
y tu fastidio
asfixia mi intento
de consuelo.

Si no querés morirte
de hambre conmigo,
está bien.

Pero
te morís de hambre
en esta habitación
con ese,
el inquilino del *penthouse*.

Cerrame la puerta.

Teatro

*La luz hace del muro indiferente
un espectral teatro de reflejos.*
OCTAVIO PAZ

Estos ojos anhelan ser
el perdón
de mis diálogos.
Tal vez mi propio personaje
se rinde a tus candilejas.

Me he sentado
frente al telón entreabierto
para así disfrazar las heridas
de tu próxima escena.

Acto primero:
disimulás mi angustia.
Acto segundo:
el cortejo tras bambalinas
se desprende de tu parodia.

La complicidad del escenario
dispersa cada ovación,

cada giro
y las miradas
en la trama
de tu lírica.
La cuarta pared se rompe
con un beso entre líneas.

Vuelvo a improvisar
mis aplausos.
No escapo del público
ni de los espectros
que anticipan
tu última función.
Reclamo nuestro libreto.

EPÍLOGO

Ayer desdeñé
tus fantasmas,
tus dudas,
tus asuntos pendientes,
tus mantas vencidas;
beso injusto
que nunca fue agua.

La madrugada
traiciona;
suelta su costra púrpura,
sobre la espalda del rito.

No beberé
del carnaval
en tus vestidos;
tus mentiras
ya no encontrarán
mis aplausos.
Tampoco habrá oración
que te salve de la hoguera,
ni de esta,
blasfemia que compartimos

Acerca del autor

Andrés Briceño Bonilla (San José, 1982). Es Licenciado en Administración de Empresas y Productor Audiovisual. Trabaja en una empresa multinacional como especialista en operaciones mercadológicas. Su interés en la poesía nace por la necesidad de escribir canciones para un grupo musical en el periodo 2008-2010. Formó parte del Taller Literario Poiesis, donde se desarrolló como escritor y gestor cultural. Poemas suyos se han publicado en revistas literarias iberoamericanas. Ha sido finalista en concursos de poesía de portales literarios españoles. Participó en los Talleres: El Poeta y la Ciudad y La Musicalidad del Verso, impartido por los poetas peruanos: Miguel Ángel Zapata y Ale Pastore. Ciertos textos suyos han sido traducidos al montenegrino. Actualmente, forma parte del Movimiento Cultural Internacional Ergo.

ÍNDICE

GEOGRAFÍA DEL CAOS

I. Rutas salvajes

Caos . 19
Conspiración de viaje . 21
Lobreguez . 22
Postal de Nueva York . 23
Paracaídas . 24
Montevideo . 26
Cartílagos . 28
Ordinary World . 29

II. Geogonía de la soledad

Primer movimiento – Preludio al quebranto

Oscilación . 39
Espera . 40
Punto de quiebre . 41
Búsqueda . 42
Nirvana . 44

Segundo movimiento – Revelación y quiebre

Epifanía . 47
Travesura . 49
Máscaras . 50
Ludopatía . 51
Ajedrez . 53
Asedio . 54
Minotauro . 55

Tercer movimiento – Combate y elevación

Heroísmo . 59
Arcilla . 61
Páramo . 63

III. Bitácoras del desencuentro

Acto I – El juego del deseo

Último whiskey . 73
Universo imaginario . 75
Coincidencia . 77
Desvelo . 78
Elegía . 81

Acto II – Quiebre y juicio

Cleopatra . 87
Presunción . 89
Portón rojo . 90
Cadencia . 92
Desanclajes . 94
No dejés que . 96

Acto III – Coreografía del derrumbe

Apostasía . 101
Oráculo . 103
Entre escena y dolor . 105
Fotografía . 107
Vicio sin pintar . 109
Penthouse . 111
Teatro . 113
Epílogo . 115

Acerca del autor . 119

FIRE'S JOURNEY
TRÁNSITO DE FUEGO
Central American and Mexican Poetry Collection
Homage to Eunice Odio (Costa Rica)

1
41 meses en pausa
Rebeca Bolaños Cubillo (Costa Rica)

2

7th Anniversary Commemorative Edition
Nueva York Poetry Press

Geografía del caos
Andrés Briceño (Costa Rica)

3
Luces
Marianela Tortós Albán (Costa Rica)

4
La voz que duerme entre las piedras
Luis Esteban Rodríguez Romero (Costa Rica)

5
Solo
César Angulo Navarro (Costa Rica)

6
Échele miel
Cristopher Montero Corrales (Costa Rica)

7
Trovador de parábolas
Maximiliano Cid Del Prado (México)

8
Profecía de los trenes y los almendros muertos
Marco Aguilar (Costa Rica)

9
El diablo vuelve a casa
Randall Roque (Costa Rica)

10
Intimidades / Intimacies
Odeth Osorio Orduña (Mexico)

11
Sinfonía del ayer
Carlos Enrique Rivera Chacón (Costa Rica)

12
Tiro de gracia / Coup de Grace
Ulises Córdova (México)

13
Al olvido llama el puerto
Arnoldo Quirós Salazar (Costa Rica)

14
Vuelo unitario
Carlos Vázquez Segura (México)

15
Helechos en los poros
Carolina Campos (Costa Rica)

16
Cuando llueve sobre el hormiguero
Alelí Prada (Costa Rica)

17
Regresan los pájaros
Carlos Enrique Rivera Chacón (Costa Rica)

18
Oscura sal
Ulber Sánchez Ascencio (México)

19
Los trazos del viento
Clarita Solano (Costa Rica)

21
Temporada de malas lenguas
Manuel Campos Umaña (Costa Rica)

22
De cielos raros
Jasín Antuna (México)

23
Piel adentro
Roberto Cartín (Costa Rica)

24
Qué perversa manera de amar
Francisco de Asís Fernández (Nicaragua)

POETRY
COLLECTIONS

ADJOINING WALL
PARED CONTIGUA
Spaniard Poetry
Homage to María Victoria Atencia (Spain)

BARRACKS
CUARTEL
Poetry Awards
Homage to Clemencia Tariffa (Colombia)

BORDERLANDS
LA FRONTERA
Experimental Poetry (Hybrid)
Homage to Sylvia Plath (U.S.A.)

CROSSING WATERS
CRUZANDO EL AGUA
Poetry in Translation (English to Spanish)
Homage to Sylvia Plath (United States)

DREAM EVE
VÍSPERA DEL SUEÑO
Hispanic American Poetry in USA
Homage to Aida Cartagena Portalatín (Dominican Republic)

FIRE'S JOURNEY
TRÁNSITO DE FUEGO
Central American and Mexican Poetry
Homage to Eunice Odio (Costa Rica)

INTO MY GARDEN
English Poetry
Homage to Emily Dickinson (United States)

I SURVIVE
SOBREVIVO
Social Poetry
Homage to Claribel Alegría (Nicaragua)

LIPS ON FIRE
LABIOS EN LLAMAS
Opera Prima
Homage to Lydia Dávila (Ecuador)

LIVE FIRE
VIVO FUEGO
Essential Ibero American Poetry
Homage to Concha Urquiza (Mexico)

FEVERISH MEMORY
MEMORIA DE LA FIEBRE
Feminist Poetry
Homage to Carilda Oliver Labra (Cuba)

REVERSE KINGDOM
REINO DEL REVÉS
Children's Poetry
Homage to María Elena Walsh (Argentina)

STONE OF MADNESS
PIEDRA DE LA LOCURA
Personal Anthologies
Homage to Alejandra Pizarnik (Argentina)

TWENTY FURROWS
VEINTE SURCOS
Collective Works
Homage to Julia de Burgos (Puerto Rico)

VOICES PROJECT
PROYECTO VOCES
María Farazdel (Palitachi) (Dominican Republic)

WILD MUSEUM
MUSEO SALVAJE
Latino American Poetry
Homage to Olga Orozco (Argentina)

WILD PAPER
PAPELES SALVAJES
Experimental Poetry
Homage to Marosa Di Giorgio (Uruguay)

OTHER
COLLECTIONS

Fiction
INCENDIARY
INCENDIARIO
Homage to Beatriz Guido (Argentina)

Children's Fiction
KNITTING THE ROUND
TEJER LA RONDA
Homage to Gabriela Mistral (Chile)

Drama
MOVING
MUDANZA
Homage to Elena Garro (Mexico)

Essay
SOUTH
SUR
Homage to Victoria Ocampo (Argentina)

Non-Fiction/Other Discourses
BREAK-UP
DESARTICULACIONES
Homage to Sylvia Molloy (Argentina)

Nueva York Poetry Press

For those who like Eunice Odio believe that there *you won't find in these lines the length of a single pupil*, this book was published as a tribute to her in July 2025 in the United States of America by Nueva York Poetry Press in the Fire's Journey Collection.